Mary Anning
E O PUM DOS DINOSSAUROS

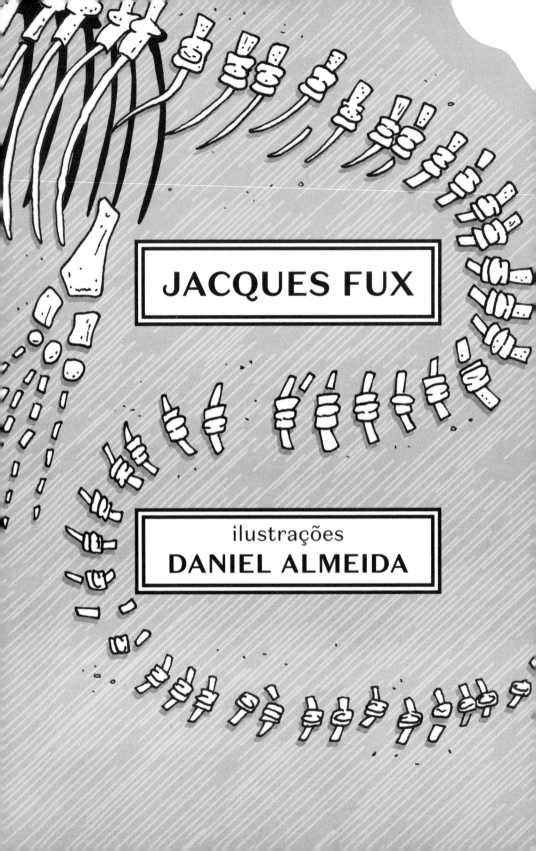

JACQUES FUX

ilustrações
DANIEL ALMEIDA

Mary Anning
E O PUM DOS DINOSSAUROS

Copyright do texto © 2022 by Jacques Fux
Copyright das ilustrações © 2022 by Daniel Almeida

Grafia atualizada segundo o Acordo Ortográfico da Língua Portuguesa de 1990, que entrou em vigor no Brasil em 2009.

Preparação
FERNANDA BELO

Projeto gráfico e composição
DANIEL JUSTI

Revisão
BONIE SANTOS
ADRIANA MOREIRA PEDRO

Tratamento de imagem
AMÉRICO FREIRIA

Dados Internacionais de Catalogação na Publicação (CIP)
(Câmara Brasileira do Livro, SP, Brasil)

    Fux, Jacques
       Mary Anning e o pum dos dinossauros / Jacques Fux ; ilustrações Daniel Almeida. — 1ª ed. — São Paulo: Companhia das Letrinhas, 2022.

       ISBN 978-65-81776-18-3

       1. Literatura infantojuvenil I. Almeida, Daniel II. Título

22-115239   CDD-028.5

Índices para catálogo sistemático:
1. Literatura infantil 028.5
2. Literatura infantojuvenil 028.5

Eliete Marques da Silva — Bibliotecária — CRB-8/9380

2022

Todos os direitos desta edição reservados à
EDITORA SCHWARCZ S.A.
Rua Bandeira Paulista, 702, cj. 32
04532-002 — São Paulo — SP — Brasil
☎ (11) 3707-3500
🔗 www.companhiadasletrinhas.com.br
🔗 www.blogdaletrinhas.com.br
▉ /companhiadasletrinhas
◉ @companhiadasletrinhas
▶ /CanalLetrinhaZ

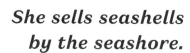

> *She sells seashells by the seashore.*
> Canção em homenagem a Mary Anning feita para enrolar a língua.

> *A meiga Mary mareia um mar de conchas à mira do mar.*
> Canção traduzida-traída (por mim) feita para embromar a língua.

Não, não, não! Mary Anning nunca sentiu o cheiro do pum de um dinossauro. Nunca mesmo! Nem ela, nem ser humano algum.

UFA! Sorte nossa (e dela!).

Mas podemos imaginar que, se eles soltassem puns, esses puns seriam bem altos e barulhentos. E tão estrondosos como a explosão de milhares de fogos de artifício.

Como existiam centenas de milhões de dinossauros — de todos os tamanhos, tipos, modelos e aeromodelos — devia ser um show de fogos (ou melhor, um show de puns) o tempo inteiro.

"Respeitável público, os períodos Triássico, Jurássico e Cretáceo têm a honra de apresentar o incrível Show de Puns dos Dinossauros!"

E o cheiro? Já imaginaram esse perfume jurássico? A fedida fragrância desses gigantes?

Puxa! Não quero nem pensar, muito menos sentir esse disperfume dinossáurico! Mais fedorento que todos os puns de todas as crianças e avós juntas e misturadas.

MAS OLHA SÓ! Aposto que os dinossauros se acostumaram e até se reconheciam e se atraíam por esses odores galanteadores!

(Pensando bem, será que foi justamente por isso que os seres humanos não conseguiram viver junto com os dinossauros? Será que foi por isso que tiveram que esperar milhões de anos para aparecer aqui na Terra? Afinal, haja vela perfumada e fone de ouvido para aguentar essa festa barulhenta e fedorenta.)

Foi a nossa heroína Mary Anning, mesmo sem fone de ouvido ou vela perfumada — e sem nunca ter sentido esses odores, ardores e rumores —, quem fez, no século XIX, mais precisamente entre os anos de 1811 a 1847, importantes descobertas sobre os dinossauros.

Descobertas de um passado distante que transformaram totalmente o futuro.

Descobertas fantásticas que hoje nos permitem conhecer todos esses dinossauros. E também imaginar seus estrondosos puns fedorentos.

Mary Anning nasceu na cidade de Lyme Regis, na Inglaterra, em 1799. Seu pai, Richard Anning, era um pobre carpinteiro que batalhava para dar comida aos filhos.

Richard, contudo, tinha uma paixão. Um hobby que ajudava a complementar a renda da família: ele passava suas horas de folga escavando fósseis nos recifes para vendê-los aos turistas.

Lyme Regis era um lugar especial, pois nas suas costas e encostas se escondiam mistérios e segredos. Enterrado ali, em silenciosos silêncios, um monte de fósseis aguardava para contar as suas histórias e encantar a todos.

Mary, desde criança, aprendeu esse ofício com o pai. Um trabalho que exigia muita destreza para separar a rocha, a sujeira e a lama dos verdadeiros fósseis. Daqueles fósseis cantadores de contos fantásticos!

E esse trabalho não era para qualquer um. Não mesmo. A pessoa, além de ter olhos, orelhas e nariz treinados — mais treinados que um detetive-investigador-farejador —, tinha que ser talentosa para desvendar algo de valor no meio de uma montanha de areia, rochas, pedregulhos e sujeira.

Algo de valor não como ouro, prata, brinco de pérola ou pérola de brinco, nada disso. Algo de valor histórico. Algo que pudesse ajudar a reconstruir e a recontar toda a história do mundo e da humanidade.

Por isso, era necessário ser uma artista para encontrar esses fósseis! Uma artista genial, talentosa e detetivesca.

E Mary Anning, aos poucos, se tornava uma mistura misturada de artista, gênia e paleontóloga (embora ela nem conhecesse essa palavra ou profissão). A paleontologia ainda estava surgindo como fruto das pesquisas de Georges Cuvier (que em breve vai entrar na nossa história, esperem só).

A verdade é que Mary, aos sete anos, já ajudava seu pai no comércio e fazia suas próprias descobertas de fósseis. A família montava uma barraquinha na frente da casa para vender os achados.

Ele escondia um mistério. Um segredo de milhões e milhões de anos atrás.

O fóssil era uma amonite! Um animal marinho que viveu há 65 milhões de anos! (Isso só a gente sabe, ninguém sabia na época.)

Mary sentia um xodó por um fóssil em especial. Era um fóssil curioso, que lembrava uma concha em forma de caracol e também uma cobra dançando enroladinha. Seu formato, suas curvas e diabruras encantavam a todos.

Esse fóssil, porém, não era uma concha troncha, nem um caracol de cachecol e muito menos uma cobra cabobra. LONGE DISSO.

Todo os dias, Mary, seu pai e seu irmão vendiam amonites e outros tipos de fósseis para complementar a renda da família.

A mãe de Mary também se chamava Mary, mas era conhecida como Molly. Ela cuidava dos filhos com dificuldade. Naquela época, muitas doenças — hoje erradicadas pela ciência e pelas vacinas — acometiam crianças. Molly perdeu oito dos dez filhos que teve por causa dessas doenças.

QUE TRAGÉDIA!

E a tragédia só não foi maior por causa da sorte. Ou do destino. Ou do acaso.

Ou sei lá do quê.

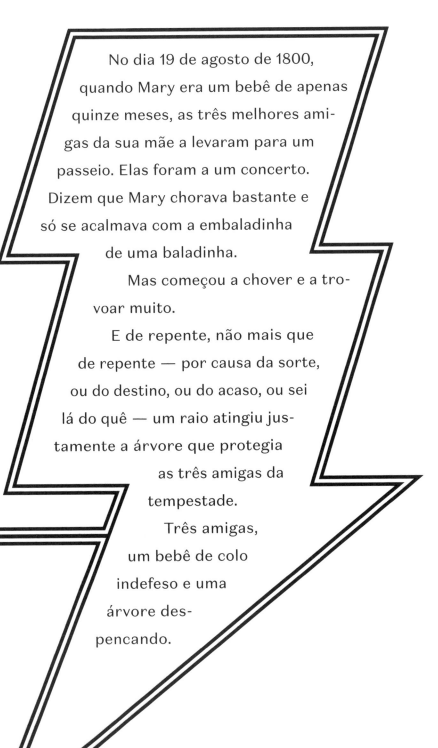

No dia 19 de agosto de 1800, quando Mary era um bebê de apenas quinze meses, as três melhores amigas da sua mãe a levaram para um passeio. Elas foram a um concerto. Dizem que Mary chorava bastante e só se acalmava com a embaladinha de uma baladinha.

Mas começou a chover e a trovoar muito.

E de repente, não mais que de repente — por causa da sorte, ou do destino, ou do acaso, ou sei lá do quê — um raio atingiu justamente a árvore que protegia as três amigas da tempestade.

Três amigas, um bebê de colo indefeso e uma árvore despencando.

Diante da força da natureza, nada puderam fazer. Não deu tempo nem de correr nem de dizer adeus. As três amigas morreram na mesma hora. (A vida passa tão rápido como um pum de um raio supersônico.)

Mas também, por causa dessa mesma sorte, ou do destino, ou do acaso, ou sei lá do quê, Mary foi encontrada com vida numa poça d'água. Dizem (e inventam) que a água estava quente por conta do raio. Ela foi levada direto para um médico, que constatou que estava ótima. Pronta para continuar vivendo.

UFA! Menos uma catástrofe na vida da mamãe Molly.

E inventam e contam que, a partir desse dia, Mary ficou esperta. Molly costumava dizer que a filha vivia doente e choramingando antes desse incidente, mas que depois nunca mais teve problemas. Pelo contrário: se tornou uma menina atenta, curiosa, investigativa e inteligente.

Mary foi crescendo e desvendando segredos. A família vivia perto de recifes, encostas e penhascos. Era um lugar perigoso, que, por ser perto do mar, vivia inundado. Muitas vezes, durante as tempestades, eles precisavam subir no telhado da casa para evitar que se afogassem. Mary morria de medo delas.

Mas, como dizem, depois da tempestade, vem a bonança! Depois que a maré baixava, fósseis e amonites ficavam expostos, e Mary corria para apanhá-los. Era uma alegria danada!

Com a venda dessas "curiosidades", ou apenas "curiôs", como eram conhecidas, estavam garantidos o jantar da semana e um par de meias novas (para substituir as velhas e furadas).

Além de ajudar na renda familiar, essas "curiôs" escondiam riquezas e segredos...

... segredos infinitos e até então desconhecidos!

Para a gente não se perder no tempo e no espaço — nem acabar topando com um dinossauro (vai que ele solta um pum bem na nossa cara) —, recapitulemos: esta história se passa na Inglaterra de 1799 a 1847.

E por que é tão importante sabermos a data? Bom, porque as crenças daquele período eram diferentes das crenças atuais.

Naquela época, o povo nem imaginava que dinossauros haviam existido. Por causa disso, a palavra "dinossauro" nem sequer havia sido criada. Afinal, só nomeamos aquilo que conhecemos.

Dinossauros não existiam nas invenções nem nas fofocas das pessoas. Também não se falava deles nas histórias dos livros e muito menos nos dicionários centenários.

Que pena para as crianças e para os jovens daqueles séculos. Nunca ouviram histórias sobre dinossauros nem sonharam com eles. Apenas sobre leviatãs e centauros!

OI? LEVIATÃS E CENTAUROS?

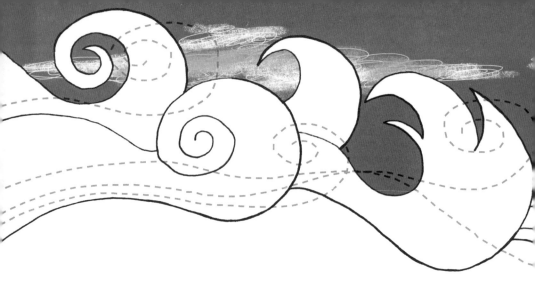

Sim, leviatãs e centauros! Naquela época, ouvia-se falar de monstros tanto nas histórias bíblicas como na mitologia grega. Eram formas de tentar explicar o que não se sabia nem desconfiava.

E BOTA HISTÓRIA NISSO!

Os centauros gregos eram criaturas míticas com o corpo metade humano, metade cavalo. Já o leviatã bíblico era um peixe enorme e feroz, que atacava os navegantes durante suas jornadas pelos mares.

Todos tinham muito medo dessas histórias e lendas (e, claro, de topar sem querer com um centauro ou um leviatã — mesmo que filhote — no meio da rua, no centro de um redemoinho ou dando um rolezinho na floresta).

A verdade é que existiam mitos e mistérios que não acabavam mais. Mas nenhuma história — nenhuma mesmo — sobre dinossauros (por isso a importância da Mary Anning!).

Naqueles tempos, as pessoas acreditavam que Deus havia criado o mundo e todos os animais em apenas seis dias.

Depois, os seres humanos e os animais conviviam felizes, passando os dias soltando pum atrás de pum, pois tinham sido salvos do grande dilúvio pela arca de Noé.

O FAMOSO NOÉ!

De acordo com as histórias narradas no livro de Gênesis, da Bíblia, Noé havia construído uma gigantesca arca de madeira.

PARA QUÊ? POR QUÊ?

O grande dilúvio aconteceu porque, dizem, Deus estava muito triste por causa de algumas atitudes do ser humano, e estava prestes a ter uma crise de choro. Noé sabia que, se Deus começasse a chorar, não ia conseguir parar tão cedo, o que faria com que a Terra fosse inundada!

Pensado, dito e feito: as lágrimas de Deus (ou da Mãe Natureza) inundaram o planeta e quase tudo desapareceu devido ao dilúvio que se formou.

Quase tudo teria se afogado, se não fosse o nosso amigo Noé!

Segundo essa história do Gênesis, Noé, depois de uma dica que Deus deu a ele sobre o que estava prestes a acontecer, começou o seu projeto arquitetônico megalomaníaco de construir uma arca. (Pelo visto, ninguém mais acreditou que um grande mar de lágrimas estava por vir, somente Noé.)

Então, ele pegou sua família, um macho e uma fêmea de cada espécie de animal criada por Deus e colocou tudo dentro da arca.

GRANDE NOÉ! O SALVADOR DA PÁTRIA!

E o dilúvio veio mesmo e arrasou geral. Somente quem estava dentro da arca sobreviveu.

Portanto, cada animal que existia na época de Mary Anning tinha sido salvo por Noé (e por Deus) ao entrar na arca.

Essa história, porém, tinha um furo. Um buraco tão grande como a própria arca de Noé.

O problema era que, já há milhares e milhares de anos eram encontrados dentes, ossos e ovos gigantes, diferentes de tudo que já tinha sido visto.

Como as pessoas explicavam esses dentes, ossos e ovos gigantes?

Como explicavam que outros tipos de animais tinham existido, se todos foram criados por Deus e salvos por Noé do grande dilúvio?

Afinal, quem eram esses seres que tinham tanto a contar, mas de que ninguém nunca tinha ouvido falar?

DIFÍCIL, NÉ? MUITO DIFÍCIL!

Pois é. Várias respostas foram dadas ao longo dos anos. Mas eram respostas inventadas e fantasiosas por não terem amparo científico.

Os chineses, por exemplo, diziam que esses ossos encontrados eram de dragões! Dragões alados que soltavam fogo e pum, sequestravam princesas e assustavam as pessoas milhares de anos antes.

Na Europa, o pessoal acreditava que esses fósseis eram restos de gigantes, de monstros e de outras criaturas fabulosas.

E diversos livros criavam histórias cada vez mais mirabolantes, mas ninguém conseguia explicar de verdade verdadeira (que é o ideal) esse quebra-cabeça científico.

Até os cientistas da época de Mary, que precisavam buscar provas incontestáveis e argumentos inquestionáveis para essas descobertas, tentavam encaixar esses desencaixados fósseis-quebra-cabeças ao relacioná-los a animais conhecidos.

AOS ANIMAIS QUE ESTAVAM NA ARCA DE NOÉ!

Os cientistas se enganavam — e enganavam a todos na época — dizendo que eram ossos de crocodilos, baleias, elefantes, girafas e outros animais comuns. E ia ficando cada vez mais difícil juntar as peças dessa história. Afinal, tinha bem mais cabelo nessa cabeleira careca.

Foram as descobertas da nossa Mary que mudaram para sempre essas crenças, crendices e tolices.

O fato é que os dinossauros existiram de verdade! Verdade verdadeira. A Mary vai nos ajudar a provar. Hoje sabemos que eles apareceram aqui na Terra há pelo menos 233 milhões de anos.

É BASTANTE TEMPO!

E, por mais de 167 milhões de anos, eles foram os reis do pedaço. "Nem vem que não tem! Não tem para você e não tem para ninguém." Os outros animais viviam sempre com o rabo entre as pernas para não importunar esses gigantes.

Há cerca de 66 milhões de anos, porém, um evento catastrófico aconteceu. Supercatastrófico! Por isso, os dinossauros foram todos extintos, restando apenas seus fósseis.

QUAL TERIA SIDO ESSE EVENTO?

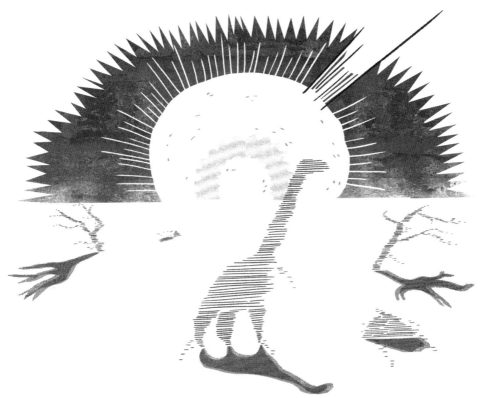

Bom, existem algumas teorias, afinal, são milhões e milhões de anos atrás. A tataravó da tataravó da tataravó de ninguém estava viva para contar, fofocar nem para aumentar a história.

Uma teoria aceita pelos cientistas é que um meteoro vindo lá do espaço bateu de cabeça na Terra. Azar do meteoro (que ainda podia estar dando um rolé pelo espaço sideral) e da Terra (que ficou literalmente chocada e abalada).

E a dor de cabeça e a explosão foram grandes, tão grandes, mas tão grandes, que bilhões de animais e plantas viraram instantaneamente pó.

E BOTA PÓ NISSO!

Uma nuvem de poeira espessa, que não permitia ver nem o próprio nariz, bloqueou a luz do sol. Os que sobreviveram a essa explosão, além de espirrarem o tempo todo, ficaram em maus lençóis (e nem existia lençol na época!). O planeta se transformou em um local frio.

E BOTA FRIO NISSO!

Como os dinossauros não tinham cobertor, cachecol, nem encontravam um parceiro ou uma parceira para esquentarem o pé um do outro, acabaram morrendo congelados.

Ficaram só seus ossos — os famosos fósseis — para que milhões e milhões de anos depois a gente pudesse desvendar suas histórias.

Essa é uma teoria sobre a extinção dos dinossauros. Mas existe uma outra muito engraçada, que foi divulgada em 2012.

    Os dinossauros herbívoros soltavam um monte de puns, e talvez o mau cheiro fosse grande! (Será que era por isso que os dinossauros viviam de cara fechada? Ficavam irritados por causa dessa festa de puns? Acho que não! Os dinossauros nem se importavam com esse fedor, assim como os cachorros não se incomodam quando estão fedidinhos).

    E acreditem: os puns eram dos dinossauros veganos, os herbívoros. Por exemplo: os peidorreiros dos saurópodes eram dinossauros herbívoros com um longo pescoço, que viveram há 150 milhões de anos. Assim como acontece com as vacas, os micróbios no sistema digestivo deles produziam metano (e muito pum) por meio da fermentação das plantas ingeridas. A ciência diz que o gás metano emitido pelo pum dos dinossauros aqueceu o planeta, já que esse gás contribui com o efeito estufa.

Então, essa nova teoria sobre a extinção dos dinossauros diz que eles soltaram tanto, mas tanto, mas tanto pum — e por tanto tempo — que a Terra esquentou demais.

Assim, em algum momento há milhões de anos, o planeta passou a ser um ambiente inóspito e inabitável para os dinossauros. E todos acabaram morrendo.

COITADOS DESSES PUNZENTOS.

Durante milhões de anos não sabíamos de nada disso. Na verdade, a gente nem existia na Terra. O ser humano é coisa nova. Novíssima. Estamos aqui há poucos mil anos.

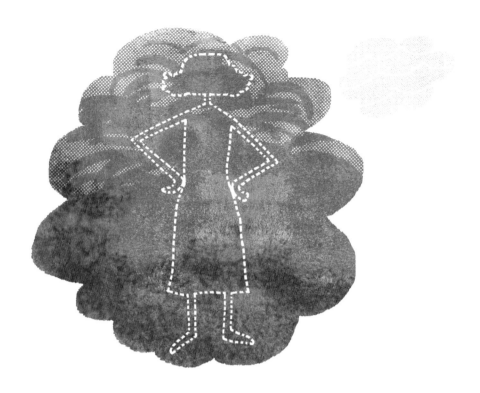

Para se ter uma ideia, de acordo com a crença e a narrativa bíblica na época de Mary, dizia-se que a Terra só tinha cerca de 6 mil anos. Só isso!

Durante o nosso período e os nossos tropeços por aqui, porém, fomos encontrando esses fósseis estranhos, diferentes e gigantescos. E antigos, muito antigos. Ninguém nem imaginava que haviam existido animais tão grandiosos na Terra. E que eles foram extintos.

Ninguém, até que apareceu a nossa heroína Mary Anning! Viva!

SEJA BEM-VINDA (NOVAMENTE), MARY!

Mas algo bem triste aconteceu com ela.

Seu pai, Richard, e seu irmão, Joseph, estavam procurando "curiôs" nos desfiladeiros. Era um trabalho perigoso, mas necessário. Afinal, o momento estava difícil para as pessoas pobres da Inglaterra. As guerras contra a França causaram escassez de alimentos. O preço do trigo havia triplicado entre 1792 e 1812, mas o salário dos trabalhadores permanecia igual.

Pela necessidade de dinheiro, eles se arriscavam cada vez mais. Numa dessas incursões, Richard sofreu um grave acidente. Ao tentar alcançar um fóssil que nunca tinha visto, ele se desequilibrou e caiu no desfiladeiro, ficando muito ferido.

Anos depois, no mesmo lugar, Mary se acidentou também. Seu fiel companheiro e escudeiro, um cão farejador, acabou morrendo sob uma avalanche de pedras.

O pai de Mary ficou tão ferido que nos meses seguintes sua saúde foi se debilitando e, por isso, ele acabou contraindo uma doença grave e incurável na época: a tuberculose.

Em 1810, Mary perdeu o pai. Tinha apenas onze anos e uma família sem dinheiro e sem expectativas.

Mary e Joseph, contudo, tinham aprendido a delicada tarefa de encontrar fósseis e continuaram trabalhando. Sonhavam em fazer descobertas surpreendentes para ganhar algum dinheiro.

FOI QUANDO ALGO INCRÍVEL ACONTECEU!

Primeiro, Mary ficou amiga de Elizabeth Philpot, uma cientista dezenove anos mais velha, que tinha um monte de livros e artigos sobre todos os assuntos de ciência. Elizabeth e Mary se tornaram unha e carne. Fóssil e rocha. Pipoca e cinema. (Mais tarde, elas brigaram. E depois fizeram as pazes. Depois brigaram de novo. E fizeram as pazes mais uma vez. Uma pena que nenhuma das duas está aqui para contar sua versão da briga.)

Segundo, ao caminhar pelos penhascos com Joseph, Mary encontrou o crânio de um animal muito, muito, muito estranho.

BOTA ESTRANHO NISSO.

E gigantesco! Ela, até então, jamais tinha visto, ou mesmo sonhado, com algo como aquilo.

O ano era 1811. Mary e Joseph caminhavam próximos a um abismo. Era perigoso. Escorregadio. O solo, frágil. Estavam quase desistindo quando algo lhes chamou a atenção.

Parecia um bico. De papagaio? Não, muito maior. Um bico bem bicudo. Na verdade, um bico gigante que depois de cavado e limpo revelou ser também uma cabeça.

Um crânio com uma protuberância não é algo tão diferente assim, mas esse era maior que Mary e Joseph juntos!

UM MONSTRO!

Não sabiam o que tinham descoberto. Mas precisavam investigar.

Com o esforço e a ajuda de trabalhadores da região — pagos pela amiga Elizabeth —, Mary e Joseph conseguiram desenterrar esse crânio de cerca de três metros de comprimento.

Depois de meses trabalhando com destreza e dedicação, Mary encontrou o restante do esqueleto, que, na época, era chamado de "vertebragem".

Após reunir todos os ossos como se fossem peças de um quebra-cabeça inédito (e sem instruções ou imagens para ajudar), ela se viu diante de um animal incrível.

Um monstro gigantesco! Maravilhoso! Então, foi pesquisar nos livros de Elizabeth para saber o que diziam sobre a anatomia dos animais.

Mesmo pesquisando muito, Mary percebeu que o que tinha encontrado era inédito e ainda contrariava tudo em que acreditavam na época.

TUDO!

Um bicho que nunca viram? Uma criatura extinta? Um animal saído diretamente de um conto de fadas? Como isso era possível? Deus não havia criado o mundo e os animais em seis dias? Noé não tinha salvado um macho e uma fêmea de todos os animais? E como Deus poderia ter afogado (de tanto chorar) as suas amadas criações?

PERGUNTAS SEM RESPOSTAS.

Mary desconfiava, ainda jovem, com base em suas descobertas científicas, que talvez essa história bíblica não fosse tão verídica assim. Por sorte, ela não estava sozinha. Havia um famoso professor da Universidade de Oxford, na Inglaterra, que também queria compreender a origem desses "monstros".

SEJA BEM-VINDO À HISTÓRIA, WILLIAM BUCKLAND!

Como William Buckland ficou sabendo desse monstro?

Bem, apesar do carinho que Mary tinha pela sua primeira grande descoberta, ela precisou vendê-la. Uma preciosidade daquela valia um bom dinheiro.

Por isso Mary expôs a sua "curiô" na loja da família e um tal de Henry Hoste Henley (ou HHH para os íntimos), que sempre ia a Lyme Regis para passear e comprar esses fósseis, pagou um ótimo valor pelo achado.

Logo em seguida, ele o vendeu para William Bullock (esse é outro William, não o Buckland — o pessoal lá da Inglaterra tem uma quedinha por esse nome!). Então o Bullock, um inventor e colecionador conhecido, exibiu esse "monstro" no seu próprio museu em Londres.

Foi um enorme sucesso de público! Todos queriam conhecer o monstro! Filas e mais filas de olhares curiosos e teorias conspiratórias foram formadas.

Por conta desse sucesso, o fóssil foi vendido para o renomado Museu Britânico. Foi ali que William Buckland viu o espécime e percebeu que algo raro e importante havia sido encontrado.

E QUE PODIA MUDAR TODAS AS CRENÇAS DO MUNDO!

Mas, acreditem se quiserem (e se não quiserem também): o nome da Mary Anning não foi sequer mencionado como a descobridora desse fóssil (esses estudiosos da Academia de Ciência sempre discriminavam as mulheres). Havia, contudo, uma placa dizendo que o monstro havia sido encontrado em Lyme Regis.

William Buckland, que não era bobo nem nada — afinal, era professor de Oxford —, passou a frequentar a cidade.

Ali ele soube que a verdadeira detetive e descobridora tinha sido a Mary.

E começou a aprender bastante com ela.

Por causa dessa descoberta de Mary, uma dúvida começou a intrigar ainda mais os cientistas.

Como já disse, na época, o pessoal imaginava que a Terra teria apenas alguns milhares de anos. E esse fóssil, além de não se assemelhar com nenhum animal já catalogado, parecia bem, bem, bem mais antigo.

COMO ISSO SERIA POSSÍVEL?

Tentando contornar o problema, alguns cientistas disseram que o achado era um fóssil de crocodilo. Um "croco" como passou a ser chamado.

Mas, calma lá, essa fake news não colou: um crocodilo com bico?

Na verdade, o fóssil era de um ictiossauro! E fragmentos dessa espécie jurássica já tinham sido encontrados antes, embora fossem apenas partes e não o bicho inteiro como a Mary descobriu.

Por ser um grande mistério, histórias foram inventadas para explicar a origem desse animal.

As primeiras ilustrações tentando registrar esse "peixe disforme" datam de 1699. E são lindas e assustadoras! Depois, em 1708, pensaram que as duas vértebras encontradas desse bicho na verdade pertenciam a um homem grandão que tinha se afogado naquele chororô de Deus. Diziam que Noé se esquecera de colocá-lo em sua arca! (Ou será que não coube?)

COITADO!

Em 1766, uma mandíbula de ictiossauro com dentes foi encontrada e exibida como uma "arcada crocodiliana". E três anos depois, dizia-se que os ossos dos ictiossauros eram de peixes, golfinhos e leões-marinhos.

Mary não engolia nenhuma dessas explicações. O fato é que ela e seu irmão tinham descoberto o primeiro fóssil de um ictiossauro completinho.

PARABÉNS!

Hoje o mundo agradece a Mary por essas importantes descobertas. Com razão, não acham?

Pois é, mas aí começa uma outra saga nada glamorosa. E até bem triste.

Mary descobria e desvendava mais fósseis incríveis, mas precisava vendê-los para pagar o sustento da família. Além disso, como ela não havia tido uma educação formal — aprendeu a ler e a escrever nas aulas de domingo da igreja e sobre ciência na biblioteca da amiga Elizabeth — os estudiosos da Academia de Ciência não davam crédito para as suas descobertas. Compravam seus fósseis e diziam depois que haviam sido eles os descobridores.

Um desses cientistas foi o sr. Richard Owen. Foi ele quem deu o nome de "ictiossauro" para o "croco" de Mary, e teve a cara de pau-de-dinossauro de dizer que a descoberta fora dele.

QUE FALTA DE VERGONHA NA CARA, NA ORELHA E NO NARIZ!

Esses cientistas compravam os fósseis, escreviam artigos detalhando os ossos e o novo animal, publicavam em revistas da comunidade científica, apresentavam suas descobertas em congressos internacionais, e, por fim, recebiam todos os prêmios e louros.

Sim. Glórias, aplausos e presentes. E muitos vivas para eles. E nada, nadinha para Mary.

Vocês podem imaginar a tristeza dela ao ler esses artigos?

Com o tempo, no entanto, e com as sensacionais descobertas de Mary, a comunidade científica seria obrigada a reconhecê-la.

Mary não se dava por vencida. Ela queria saber mais do que esses cientistas. Queria conhecer a fundo a estrutura e a vida desses animais para lá de fantásticos, ali, em seu quintal, aguardando serem descobertos para revelar as suas verdadeiras histórias.

Mary começou a estudar bastante. Leu todos os livros e artigos da biblioteca de Elizabeth. Todos. Precisava entender mais sobre biologia, geologia, química e história. Sobre a história natural.

E estudou tanto que acabou se tornando a maior especialista do mundo no assunto.

Mary continuou fazendo descobertas cada vez mais sensacionais. Ela foi a primeira a encontrar um plesiossauro completo!

Plesiossauro foi um réptil marinho gigante, conhecido por sua cabeça pequena, que viveu durante a primeira parte do período jurássico. Ele tinha pescoço longo e delgado, corpo largo em forma de tartaruga, cauda curta e dois pares de remos grandes e alongados.

Que bicho estranho. Mas que lindão! Logo após a descoberta de Mary, William Buckland foi conhecer esse animal. Além de admirar o trabalho da jovem amiga.

E, assim, Mary, mesmo não sendo citada em artigos e livros sobre a descoberta desses animais, foi ficando famosa e conhecida. Sua loja atraía mais e mais clientes. Finalmente a família conseguiu liquidar as dívidas feitas depois que seu pai havia morrido.

MAS ALGO PÉSSIMO ACONTECEU E QUASE ARRUINOU A CARREIRA DE MARY.

Nesse período, a anatomia do plesiossauro encontrado, por possuir tantas vértebras, contrariava o que se acreditava ser possível. Era o bicho mais esquisito-extraordinário de tudo que já tinha sido catalogado.

Então o maior especialista no assunto, o tal de Georges Cuvier — o cara que inventou as palavras "paleontólogo" e "paleontologia" —, duvidou da descoberta de Mary. (Estaria com inveja? Ou com o ego ferido?)

E ele não ficou quieto, não. Nada disso. Foi a público e disse que um animal assim não poderia jamais ter existido. Que essa "menininha de Lyme Regis", "a tal da Mary Anning", havia juntado as vertebragens de duas espécies e inventado esse animal.

COITADA.

Não era qualquer um que acusava Mary de espalhar fake news. Era Cuvier, o naturalista mais importante do século XIX. Chamado por todos de "pai da paleontologia dos vertebrados"!

Mesmo com essa maldade toda, é preciso reconhecer que Cuvier foi peça-chave no quebra-cabeça dos fósseis com a Teoria da Extinção. Em seu livro, *Essay on the Theory of the Earth* [*Ensaio sobre a Teoria da Terra*], Cuvier propôs que as espécies extintas teriam sido exterminadas por eventos periódicos catastróficos (o tal do meteoro vindo lá do espaço batendo de cabeça na Terra). Sim, a ciência agora possuía provas indubitáveis de que animais desse porte tinham existido e sido extintos. Cientistas começavam a acreditar em outras versões da história, não mais na bíblica.

Mas como ele chegou a essa conclusão? A essa ideia nova de extinção?

Só depois de aceitar que a descoberta do plesiossauro de Mary era verdadeira! Verdade científica verdadeira!

(Estamos aguardando até hoje o seu "muito obrigado" para a Mary, viu, sr. Cuvier?!)

Durante o período em que essas fake news sobre a Mary foram ouvidas, contudo, as vendas das "curiôs" da loja despencaram. A família dela voltou a se endividar. Sem dinheiro, eles tiveram até que usar os móveis da casa como lenha para se aquecer.

A vida estava cada dia mais dura, até que Elizabeth teve uma ideia. Um tempo antes, um rico colecionador de "curiôs", Thomas James Birch, havia passado uma temporada em Lyme Regis para aprender a caçar "curiôs" com Mary.

Como Thomas não tinha nenhuma habilidade, apenas certo encanto, caminhava pelos recifes sempre acompanhado de Mary. E a bondosa jovem encontrava as "curiôs" e as entregava de mão beijada (apesar de suja por causa da lama) ao Thomas.

Durante o tempo em que ficou em Lyme Regis, Thomas formou uma grande coleção de "curiôs" — Mary encontrou até um valioso "croco" para ele.

Mas Thomas nunca pagou o que devia a Mary. Por isso, Elizabeth foi atrás dele para cobrar pela consultoria e pelas descobertas da amiga.

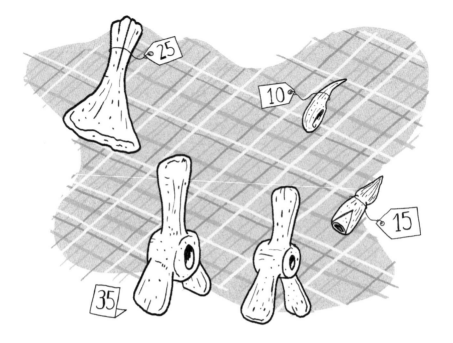

Thomas se sentiu culpado pela pobreza da família Anning. Decidiu, então, ser justo (já estava na hora): leiloou os fósseis que "encontrara" e deu parte da renda para Mary.

Thomas escreveu a um outro paleontólogo, um tal de Gideon Mantell, dizendo que a venda era "em benefício a uma pobre mulher, seu filho (Joseph) e sua filha (Mary Anning) em Lyme, que foram os responsáveis por encontrar os fósseis submetidos à investigação científica".

O leilão, realizado no museu de William Bullock, durou três dias, arrecadou um bom dinheiro e elevou a reputação de Mary Anning dentro da comunidade científica e geológica.

FINALMENTE ALGUÉM DEU OS DEVIDOS CRÉDITOS A MARY!

Mesmo com uma boa reputação, faltava ainda acabar de uma vez por todas com as notícias falsas espalhadas por Cuvier.

E QUEM PODERIA AJUDAR MARY?

O importante professor de Oxford, William Buckland! Nada mal, uma vez que Oxford era considerada a melhor universidade do mundo. Foi o próprio William, ao falar da seriedade e do rigor científico de Mary, que a ajudou!

VALEU, WILLIAM BUCKLAND!

O que ele fez? Apresentou um novo "monstro" descoberto por Mary em um congresso importante e convenceu todos os presentes de que o bicho havia existido de fato.

Foi por causa das provas de existência — e extinção — desses animais para lá (e também para cá) de esquisitos que William Buckland, Georges Cuvier e Richard Owen (e, claro, Mary Anning) desenvolveram outras teorias.

Teorias importantes e inovadoras!

Animada com as descobertas, ninguém segurava Mary! Em 1828, ela encontrou o primeiro fóssil de réptil voador na Inglaterra, o pterossauro! (Não foram só fósseis de dinossauros que Mary descobriu.)

BEM-VINDO!

As asas dos pterossauros eram formadas por uma membrana de pele, músculo e outros tecidos que se estendiam desde o tornozelo até o quarto dedo alongado.

E eles ficaram conhecidos como os famosos dragões voadores!

Como voavam bem! Eram aerodinâmicos, silenciosos e precisos. Se algum animal se descuidasse, era pego com as calças na mão (mesmo sabendo que eles não tinham calças nem mãos) e virava jantar de pterossauro.

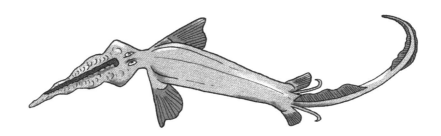

Logo em seguida, Mary descobriu o esqueleto — ou as "vertebragens" — do peixe squaloraja!

O squaloraja era um peixe diferente dos que a gente conhece hoje — e dos que eles conheciam antigamente. Tinha o corpo achatado, semelhante ao das raias, embora fosse maior e tivesse um olhar assustador, de poucos amigos e muitos inimigos.

Os machos ainda possuíam algo semelhante a um chifre. Mas, calma lá, um peixe com chifre? Dá para imaginar?

SIM! PARA IMAGINAR E PARA SONHAR.

Mary descobriu ainda um plesiossauro diferente! Com o crânio gigante! Mais uma importante revelação!

Ele recebeu de William Buckland o nome *Plesiosaurus macrocephalus* e foi descrito em um artigo de Richard Owen em 1840.

Porém, mais uma vez, Richard Owen mencionou o cavalheiro rico que comprou o fóssil de uma loja em Lyme Regis e o disponibilizou para exame, mas não a cientista investigativa que o descobriu e preparou juntando seus ossos-peças.

QUANTA INJUSTIÇA COM MARY.

Existia tanto bicho estranho e fascinante que os cientistas precisavam o tempo todo mudar a versão oficial da história.

E quais eram as novas explicações dadas para a origem desses animais? Desses bichos estranhos que iam além da imaginação? Afinal, a justificativa de que eles tinham vivido antes do dilúvio e sido esquecidos por Noé já não colava mais. Nem que, por Noé viver com a cabeça nas nuvens, a arca que ele construiu não era grande o suficiente para caberem esses animais.

Era preciso encontrar uma teoria científica mais plausível.

A verdade é que a comunidade científica, com a ajuda de Mary, ia reescrevendo a história e, assim, entendia um pouquinho mais sobre a origem do mundo.

Sim! A ciência ia se desenvolvendo, mas faltava encaixar algumas peças no quebra-cabeça da evolução!

Faltava o golpe de misericórdia. A ideia final e genial! A descoberta que ligaria para sempre as peças desse quebra-cabeça fóssil!

ENTÃO...

Mary teve a ideia de estudar algo que ninguém nunca havia pensado. Nem imaginado. E muito menos sonhado. A peça final do quebra-cabeça!

Sabem o que ela começou a pesquisar? Alguém quer tentar adivinhar?

SIM! O PUM DOS DINOSSAUROS!

Na verdade, Mary imaginou (ou nós imaginamos para ela) que talvez esses bichos soltassem pum. E, antes, durante ou depois de soltar um pum, bom, é necessário fazer cocô!

Imaginem o tamanho do cocô de um tiranossauro rex? Se algum dinossaurinho descuidado passasse debaixo quando ele o estivesse fazendo, teria virado fóssil, não? Mas, apesar de meio fedido, esse cocô é precioso e tem muita informação e conteúdo (duvido que alguém já falou disso antes!). Dá para saber muita coisa sobre os hábitos do rei tiranossauro só estudando o seu cocô!

E foi isso o que Mary resolveu estudar!

O pum é uma grande polêmica entre os cientistas de todas as épocas! Parece que as aves e alguns animais marinhos não soltam puns, mas a maioria dos mamíferos sim — dizem que o bicho preguiça tem tanta preguiça que prefere não soltar. Mas o cocô é consenso!

No início, como ela não sabia exatamente o que eram essas massas fossilizadas, lhes deu o nome de "bezoar".

Elas foram coletadas pela primeira vez por Mary em 1824, quando ela tinha 25 anos.

Porém, só foram registradas oficialmente em 1829, como sendo estudos de "coprólito", seu nome formal, por William Buckland. E ele se esqueceu — ou não quis dar os créditos por ser algo tão importante e inovador — de Mary!

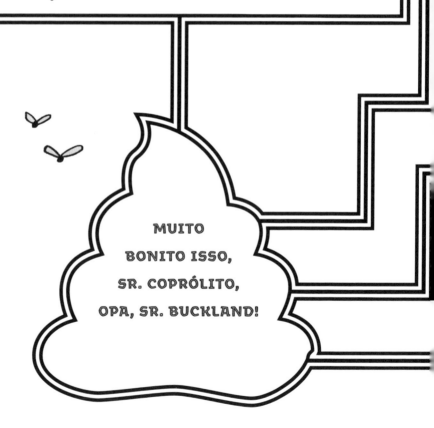

Apesar do nome difícil, coprólitos não passam de cocôs fossilizados, que são estudados como vestígios de fósseis por fornecer evidências da dieta do animal.

Esse cocôs passaram a ser valiosos para a paleontologia porque revelavam como era a relação entre predadores e presas. Contavam também o histórico alimentar e a digestão, fornecendo pistas sobre a cultura, o habitat, as bactérias e as brincadeiras desses animais.

Sim! Pesquisando o cocô dos dinossauros, Mary podia viajar pelo tempo e pelo espaço — e até sonhar com as dores e os odores! E ainda preenchia as lacunas faltantes das teorias.

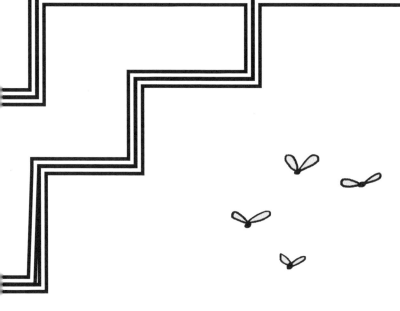

Quem não gostaria de se aventurar nessa viagem? De desvendar tais mistérios? De sonhar com o pum dos dinossauros?

Finalmente o quebra-cabeça estava se encaixando! Os monstros encontrados, as novas teorias, o pum e o cocô, todos juntos formavam as peças do grande quebra-cabeça!

O quebra-cabeça mais fascinante de todos: o da evolução!

Assim, em 1839, com tantas evidências aparecendo, vindas principalmente das caçadas de Mary, Richard Owen e William Buckland voltaram a Lyme Regis para fazer mais uma excursão paleontológica. Na verdade, para aprender mais com Mary.

E, guiando-os pelas costas e encostas de Lyme Regis, Mary ensinou aos professores um pouco do que havia descoberto durante todos aqueles anos.

Dessa forma, o respeito por Mary, agora com quarenta anos de idade, merecidamente aumentava. Já não era sem tempo!

Nesse mesmo ano, ela publicou um artigo na prestigiosa *Revista Científica de História Natural* — seu único texto em uma revista científica — contando mais sobre suas descobertas e teorias.

Foi devagar, devagarinho, que Mary demonstrou que seu conhecimento era bem maior do que o dos estudiosos da Academia de Ciência.

Foi divagando devagar, devagarinho, que ela fez objeções ao artigo que afirmava que um fóssil descoberto de um tubarão pré-histórico, o tal do hybodus, representava um novo gênero. Eis o que (eu pensei que) ela pensou: "Eminentes membros da Academia, esse 'novo' tubarão não tem nada de novo! Nadica de nada. Eu já encontrei fósseis desse bicho — com alguns dentes retos e outros em forma de gancho — muitos anos antes de vocês. Obrigada. De nada. Passar bem".

Foi divagando devagar, devagarinho, que Mary provou como ela era inteligente e genial!

Finalmente, depois de muitas visitas e de ter aprendido os segredinhos do passado com Mary, Richard Owen criou o termo *dinosauria* em 1842!

A palavra foi cunhada para classificar os grandes esqueletos desses animais extintos — as "curiôs" e os "crocos" — descobertos no Reino Unido, sobretudo por Mary!

Sejam bem-vindos, dinossauros! Agora, sim! Vocês passaram a existir! Não vivem mais no mundo do faz de conta nem são mais mera ficção ou invenção.

No entanto, a palavra *dinosauria*, em latim, significa "lagarto terrível", o que não é bem o caso, afinal os dinossauros existiam em diferentes tamanhos, tipos, modelos e aeromodelos.

Além disso, são espécimes distantes dos lagartos (os lagartos são mais próximos dos arcossauros e lepidossauros), sobretudo os encontrados na Inglaterra. Esses "ingleses" têm outros ancestrais.

Alto lá, agora eu viajei no tempo e no espaço: distantes evolutivamente? Ancestrais? O que é isso, afinal?

Sim! Algo de novo havia acontecido! O conceito de evolução natural e de ancestrais em comum!

E, para entender melhor esse fascinante quebra-cabeça da então chamada evolução das espécies, um outro carinha genial surgiu com uma teoria incrível!

SEU NOME: Charles Darwin.

SEU LIVRO: *A origem das espécies.*

O NÚMERO DO SEU SAPATO: 42.

SEU LEGADO: Virou o mundo de cabeça para baixo com sua teoria. E depois revirou. E logo em seguida deu oito piruetas ultravioletas rebolando com todas as crenças e certezas.

SUA IDEIA: Na época em que se acreditava que o ser humano havia sido criado à imagem e semelhança de Deus — e que Deus também havia criado todos os animais —, Darwin propôs e provou que a vida na Terra seguia um fluxo contínuo de evolução! Por meio do que foi chamado de "seleção natural", ele mostrou que os seres que têm maior chance de sobreviver são melhor adaptados ao ambiente! E, de quebra, ainda afirmou que a espécie humana pertence à ordem de primatas como chimpanzés, micos e gorilas!

Sim! Sim! Sim! Assim como os outros animais, temos um ancestral em comum!

Seu livro, com suas teorias mais importantes, foi publicado em 1859. Apenas alguns anos depois que Mary faleceu.

E *A origem das espécies* foi um best-seller mundial! É um livro científico importante e fundamental que narra histórias — verdadeiras?! — incríveis.

Charles escreveu algo tão sensacional, surpreendente e revelador assim graças à ajuda dos trabalhos de Mary Anning! Sim! As descobertas dela contribuíram também para que Charles pensasse nas teorias da evolução e da seleção natural.

Mas aí, amigos leitores, falar sobre evolução é outra longa história, que vale a pena ser contada também, mas em outro livro.

Já neste livro aqui, é hora de nos despedir da Mary. E de agradecer por todas as suas descobertas. Pedimos perdão em nome dos homens da Academia de Ciência, que nunca lhe deram o devido crédito e que tornaram a sua vida tão difícil e por tantas vezes triste e dolorosa.

Mary nos deixou em 1847. Infelizmente ela ficou muito, muito, muito doente; um câncer que, na época, não havia como tratar a levou após 48 anos de muitas descobertas. Ela se foi, mas seu legado permaneceu.

Mary se transformou em um de seus fósseis. Num fóssil contador de histórias reveladoras e surpreendentes. Capaz de nos encantar com seus lindos dinossauros!

VIVA A MARY! Viva! Obrigado por desvendar as histórias dos dinossauros.

E, por fim, não nos esqueçamos de agradecer também aos dinossauros (e aos seus puns e cocôs fossilizados), já que nos deixaram contar um pouco de sua fascinante história.

APLAUSOS PARA OS DINOSSAUROS E PARA O SEU SHOW DE PUNS!

SOBRE O AUTOR

A primeira vez que soube da existência dos dinossauros, achei injusto a gente não poder conhecê-los pessoalmente e escutar seus estrondosos puns fedorentos: "Boom! Boom! Boom! Pá! Pá! Pá!" (depois me dei conta de que se eles realmente existissem por aí, a gente não existiria por aqui!). Eu fui crescendo encantado com as histórias dos dinossauros e do passado, tentando saber o que tinha acontecido na evolução da Terra, das pessoas e do universo. Pensei em ser arqueólogo, antropólogo, paleontólogo, biólogo, filósofo, físico, astrônomo, matemático, engenheiro (que tanto de coisa!), e percebi que poderia ser tudo isso junto e misturado me tornando escritor! Então, em busca de saber mais, fiz meu doutorado na Universidade de Lille, França, e um pós-doutorado na Universidade de Harvard, EUA. Escrevi livros para adultos, pesquisadores e crianças, e, pela minha curiosidade e meus escritos, acabei ganhando o Prêmio São Paulo de Literatura, o Prêmio Manaus, o Prêmio Cidade de Belo Horizonte, o Prêmio Paraná, o Selo Altamente Recomendável da FNLIJ e o Prêmio Capes, e fui finalista do Jabuti, do APCA e do Barco a Vapor. Um dia, conversando com uma pessoa querida, "conheci" a Mary Anning e não pude deixar de contar sua tocante história. História que me deu a alegria de publicar este primeiro livro pela Companhia das Letrinhas e retomar meus sonhos de estar ao lado dos punzentos dinossauros!

SOBRE O ILUSTRADOR

Os dinossauros entraram no meu radar pra valer com o primeiro Jurassic Park, lançado em 1993. Fui ao cinema assistir com meu irmão e a expectativa de ver aquelas criaturas assustadoras e maravilhosas criarem vida foi totalmente atendida.

Era tudo tão real que a gente ficou grudado na cadeira. Dava quase pra sentir o bafo do T-Rex (nem falemos dos puns!). Mas só agora percebo que, mesmo sendo uma ficção, a história de um parque de diversões com dinos de verdade não existiria sem o trabalho, o empenho e as descobertas da Mary Anning.

Sem nunca ter fincado uma picareta no chão, eu também venho escavando há alguns anos. Eu escavo ideias! Na maioria das vezes, a partir de um texto, para depois transformar em imagens. Foi assim que colaborei com as principais revistas e jornais do país, ilustrei livros para a Companhia das Letrinhas, a Escarlate e a FTD, fui premiado no Latin American Ilustración e tive algumas ilustrações selecionadas no livro *Illustration Now! — Vol. 4* (Taschen). Desde 2021 sou redator e apresentador do programa "Dois Pontos", da Eldorado FM (SP), em que exploro temas tão variados como encontros memoráveis, grandes expedições, jeitos de morar e doces brasileiros. Minha história em quadrinhos *Batatais* foi publicada na coletânea *kuš!: š!* #16, "Villages", da Letônia. E, mais recentemente, estou tentando fazer HQs pintadas em azulejos... vamos ver o que sai de mais essa escavação! Para conhecer mais do meu trabalho, acesse:

⊙ @danico_illustration

☑ www.danielalmeida.art.br

NOTA DO AUTOR

A ciência e também as biografias, amigos leitores, não são definitivas! Em busca da verdade, elas vão se atualizando e se reinventando. Algumas teorias presentes neste livro não são certezas, e podem se modificar ao longo do tempo em razão de novas e surpreendentes descobertas! Mas aqui estamos no campo da literatura, onde é bem-vindo sonhar e viajar por épocas, vidas e histórias encantadas!

A marca FSC© é a garantia de que a madeira utilizada na fabricação do papel deste livro provém de florestas que foram gerenciadas de maneira ambientalmente correta, socialmente justa e economicamente viável, além de outras fontes de origem controlada.

Esta obra foi composta em Rocher e Domaine e impressa pela Gráfica Bartira em ofsete sobre papel Alta Alvura da Suzano S.A. para a Editora Schwarcz em agosto de 2022